LA LÉGITIMITÉ

EXPLIQUÉE

D'APRÈS LA RELIGION ET L'HISTOIRE.

Par M. .... de la Marne.

Comme la méchanceté ou l'ineptie
des hommes dénature les plus belles
vérités! (M. DE HALLER; *Rest.*)

A PARIS,

CHEZ G. A. DENTU, IMPRIMEUR-LIBRAIRE,
RUE DU COLOMBIER, Nº 21 ;
ET PALAIS-ROYAL, GALERIE D'ORLÉANS, Nº 13.
M D CCC XXX.

AVIS

Aux avocats libéraux devenus procureurs du roi et excités par la révolution à persécuter les écrivains royalistes.

Vous n'avez rien à voir ici.

L'auteur écrit de l'histoire ancienne, et ne s'occupe ni de vous ni de votre gouvernement né d'hier.

D'ailleurs il est officiel que ce gouvernement ne prétend pas régir la France en vertu du principe de la légitimité, mais d'après le système de la souveraineté du peuple. Tout récemment encore le ministre de l'instruction publique reconnaissait devant la Chambre des pairs que Louis-Philippe « ne règne point par droit de naissance. »

LA LÉGITIMITÉ

EXPLIQUÉE.

L'ordre social sur les ruines duquel nous écrivons n'était plus généralement compris en France, quand les partis qui le minaient depuis quinze ans sont parvenus à le faire crouler. A la science politique de nos aïeux ont succédé parmi nous les fictions du libéralisme. Et maintenant l'ignorance en droit public est si profonde, que la plupart des Français ne savent pas même ce que signifie le mot *légitimité*. Ils sont à cet égard tombés au-dessous du paysan russe et des populaces de l'Asie. En de telles circonstances il faut, quand l'on veut parler de l'antique et universelle doctrine qui fonda la monarchie française, donner préalablement une notion de la nature et de l'origine des pouvoirs légitimes.

Section I.

De l'impossibilité physique où se trouvent tous les hommes de vivre indépendans, excepté en quelques circonstances fort rares.

L'homme, au moment où il apparaît sur la terre, est libre de toute obligation. Quelle que soit la condition sociale de son père, de sa mère, de ses aïeux, il ne connaît, lui, ni lois ni devoirs; il n'a pu encore donner à personne le droit de contracter des engagemens en son nom.

On a écrit qu'il était aussi indépendant; mais regardez-le, et dites s'il se pourrait une sujétion plus étroite ou plus irrésistible. Deux conditions essentielles de la vie humaine sont une place sur la terre et des alimens; il n'en possède pas, et la force lui manque pour en acquérir. Sa débile existence est à la merci des élémens, des hommes, des bêtes fauves, à la merci même du frêle insecte à qui un brin d'herbe suffit pour abri. Sans des secours multipliés, ce mortel va périr; et cependant personne n'a besoin de lui.

Ah ! il est donc vrai que la nature entière crie à l'homme dès son premier jour : Ou la dépendance ou la mort.

A-t-il grandi ? Alors encore il faut qu'il dépende ou qu'il expire. Le sol qui le porte, les fruits qu'il trouve, les vêtemens et les armes dont il a besoin, tout cela est à des propriétaires qu'il n'a ni le droit ni la force de dépouiller. Et il n'obtient d'eux de quoi soutenir sa vie défaillante que par la soumission aux conditions qu'il leur plaît de lui imposer.

Est-il devenu propriétaire lui-même ? Quand il aurait assez de biens pour satisfaire tous ses besoins, il ne parviendrait point cependant, à moins de circonstances extrêmement rares, à l'indépendance. D'anciens possesseurs du sol qu'il a acquis et qu'il habite l'avaient grevé de redevances et de servitudes ; elles y sont inhérentes. S'il refuse de demeurer assujetti à ces charges, on l'y oblige par la force. Le pays où est sa demeure, ceux où il passe, ceux aussi qui sont le terme de ses voyages, dépendent de gouvernemens aux volontés desquels il est contraint de se soumettre.

En général donc hors de l'atmosphère de l'assujettissement, comme au-delà des régions d'air qui entourent le globe terrestre, la vie, privée d'aliment, s'éteint ; de sorte qu'il est aussi impossible à presque tous les hommes de vivre dans l'indépendance que de respirer dans le vide. Ainsi l'a voulu le Souverain des êtres ; mais ses lois morales ont réglé sur la terre le commandement non moins que l'obéissance. Et le bonheur des sociétés humaines n'est que dans la soumission à ces lois.

SECTION II.

De l'ordre social que Dieu a imposé aux hommes.

Dès les premiers âges du monde il y eut entre le ciel et la terre des communications surnaturelles. Dieu (1) se révélant aux hom-

---

(1) Soit sans intermédiaire, soit par le ministère des anges, que les anciens appelaient *dieux* ; mais qu'ils distinguaient fort bien du Dieu créateur, appelé *Jehovah* à Jérusalem, *Oum* dans l'Inde, *Tien* à la Chine, *Kneph* en Egypte, *Ormusd* en Perse, *Zeus* dans la Grèce, *Jupiter* chez les Romains, *Odenn* chez les Scandinaves, etc., etc. « Au milieu de toutes ces différences l'on n'entendait sur toute la terre, comme l'atteste Maxime de Tyr, que des voix unanimes disant qu'il y a un Dieu, roi et père de toutes choses, et en outre beaucoup de dieux qui exercent une puissance avec Dieu. Ainsi parlait le Grec, ainsi parlait le barbare, l'habitant des continens et celui des îles, le savant et l'ignorant (Max. de T. ; *Dissert.* 17) ». Les hommes qui ne connaissent de l'antiquité que ce qu'ils en ont appris dans les colléges ont, en général, des notions

mes, les instruisit de leur destinée, leur imposa des lois, leur prescrivit un culte. Et l'ère du genre humain est aussi celle de la religion.

Ces faits, toute l'antiquité les atteste. Ecoutez l'histoire universelle, consultez les plus vieux monumens, lisez la *Bible*, lisez les *Védas*, lisez le *Zend-Avesta*, interrogez les anciennes traditions conservées dans les deux hémisphères ; de toutes parts vous entendrez parler de ces mémorables événemens. Là on vous dira que « Dieu a enseigné aux premiers hommes la sagesse, la justice, la loi de vie (1) ; » ici que « dans l'origine des dieux ont régné sur la terre (2) ; » ailleurs que « des génies immortels ont établi le culte parmi les hommes (3) ; » plus loin que « Dieu montra clairement la loi à l'un des patriarches, et lui commanda de l'enseigner à ses semblables (4). » Aux extrémités du nord, l'*Edda* des Scandinaves raconte que les dieux vécurent autrefois sur la terre, y jugeant les hommes, et leur donnant, pour les instruire de la sagesse, un être éclairé d'une science divine (5). Dans les régions du midi, on tient de l'antiquité que les premiers hommes conversèrent avec les esprits célestes, dont ils reçurent des lois religieuses, politiques et civiles (6). » Aussi un savant de nos jours n'hésite pas à le reconnaître, « les monumens de toutes les nations les plus anciennes prouvent que le genre humain n'a eu primitivement que la religion révélée avec ses traditions prophétiques (7). » Le docte Creuzer, après de vastes études, vient confirmer ce témoignage. « Une miraculeuse alliance de l'homme avec la Divinité se manifeste, dit-il, à l'origine des institutions religieuses, chez la plupart des peuples de la haute antiquité (8). » Et cela est si authentique, si frappant, que deux impies modernes, qui paraissent n'avoir examiné

---

très-fausses sur les doctrines religieuses des anciens. On s'imagine que leur foi n'avait d'autres objets que quelques superstitions de Memphis, ou d'Athènes, ou de Rome. On ne sait pas qu'au-dessus de ces erreurs locales régnait une croyance universelle aux principaux dogmes de la religion, telle que la connaissent les peuples catholiques. C'est pourtant ce que, depuis deux siècles surtout, les savans prouvent avec une clarté toujours croissante. L'impiété elle-même en a fait l'humiliant aveu. « Partout, écrivait Dupuis, le fond de la théologie chrétienne et des autres (de l'antiquité) est commun ; et la conformité est absolument parfaite dans tous les points capitaux (t. 5, ch. 3). »

(1) *Eccli*, chap. 17.
(2) Tradition égyptienne rapportée par Hérodote, livre 2.
(3) Orphée ; *Hymne sur les Curètes.*
(4) *Zend-Avesta*, livre Vendidad, fargard 2.
(5) *Edda*, sections 7, 12 et 60.
(6) *Védas* et *Pouranhas* de l'Inde.
(7) M. Drach ; *Deuxième lettre.*
(8) *Relig. de l'antiq.*, traduction de M. Guigniaut ; t. 1, introduction.

l'ancien monde que pour y chercher des armes contre le christianisme, n'ont pu s'empêcher d'en convenir. Volney avoue que la religion remonte « jusqu'à l'origine du monde (1); » et Boulanger écrit en propres termes : « Vers tel climat que nous tournions les yeux, on y trouve la singulière tradition d'un âge théocratique.... Les annales qui la rapportent ne peuvent être fabuleuses pour le fond (2). »

Les instructions religieuses reçues de Dieu par les pères de la race humaine furent dans la suite, et en divers siècles, confirmées et développées par de nouvelles révélations. Aussi tous les peuples ont foi à la céleste origine des lois sur lesquelles nous allons montrer que repose la légitimité politique (3).

Le chef de la première famille qui ait habité notre globe était indépendant : c'est-à-dire que personne, excepté Dieu, n'avait autorité sur lui. Il était aussi souverain ; car la souveraineté n'est pas autre chose que l'indépendance ainsi définie et jointe au droit de commander. Les autres membres de cette famille furent, au contraire, dépendans ou sujets ; parce que la religion veut que l'épouse et les enfans obéissent aux volontés du père.

Quand les fils du premier homme, s'étant séparés de lui pour devenir chefs de familles, purent vivre sans son secours, ils furent dès-lors, comme leur père, indépendans, souverains.

La terre se peupla ainsi d'une multitude de petites monarchies, sortes de miniatures des puissans Etats qui plus tard florissaient en Asie et en Egypte.

Le sol inhabité appartenait au premier occupant ; mais une fois qu'il en avait pris possession, la loi religieuse qui constitue les droits de propriété défendait aux autres hommes de le troubler dans la jouissance de ce sol légitimement acquis. Il pouvait en disposer à son gré ; il avait droit de le léguer en mourant soit à un

---

(1) *Ruines*, chap. 22.

(2) *Rech. sur l'orig. du des.*, sect. 8. Dans cette même section il dit que les traditions dont il s'agit ont *un ensemble frappant*.

(3) Nous ne fondons pas nos doctrines sur le droit naturel, parce que c'est une chimère ; ainsi que le prouvent l'inanité de tous les argumens imaginés jusqu'à ce jour pour le défendre, et l'existence des sourds-muets, qui, d'après le témoignage des hommes qui les ont le mieux observés, sont sans aucune idée de morale, avant d'avoir été instruits. Cependant ceux de nos lecteurs qui, trop ignorans sur la religion pour la professer avec foi, admettent bonnement la loi naturelle devront, à moins d'inconséquence, reconnaître la vérité du droit social que nous exposons. Car les principes religieux qui en sont le fondement ont été introduits dans la plupart des systèmes de morale naturelle.

seul de ses enfans soit à tous, par fractions égales ou inégales, et avec telles charges qu'il lui plaisait d'y attacher.

Plus tard il arriva, par suite de la multiplication des familles, que des enfans aimèrent mieux demeurer sur les terres de leurs parens encore vivans, que d'aller au loin chercher l'indépendance dans des pays inhabités. Alors ils durent se soumettre aux conditions qui leur étaient prescrites par les propriétaires ; ils restèrent sujets.

Plus tard encore il se trouva des hommes indépendans, qui, ayant acquis par des successions, des mariages, des échanges ou des achats, de vastes et fertiles territoires, virent une multitude de personnes venir à eux, et demander à s'établir sur diverses parties de leurs domaines. En le permettant, les possesseurs du sol furent maîtres d'imposer des conditions, d'exiger, par exemple, des redevances annuelles, quelques travaux gratuits, des secours en cas de guerre, et une soumission constante à certaines règles établies par eux pour maintenir l'ordre dans leurs domaines et en faciliter l'administration. Ils furent maîtres aussi de ne vendre aucune partie du sol qu'à de semblables conditions. Par là ils conservaient et leur indépendance et leur souveraineté. Qu'on se représente un de ces riches propriétaires ayant ainsi vendu à une multitude de particuliers presque tous ses biens-fonds, sous l'obligation contractée par les acquéreurs de lui payer des impôts, de lui rendre certains honneurs, de le défendre en temps de guerre, de respecter les règlemens justes qu'il jugerait convenable de prescrire ; on aura l'image d'une monarchie beaucoup plus compliquée, mais aussi légitime, que celle de la première famille du genre humain. Les héritiers de l'ancien propriétaire et ceux des nouveaux auront les mêmes droits et les mêmes devoirs que leurs prédécesseurs. Voilà une monarchie qui pourra durer des siècles, s'étendre au loin par de justes acquisitions, devenir une puissance formidable.

S'il se trouve dans le voisinage quelques souverains égaux en droits au monarque de cet Etat, mais très-inférieurs tant sous le rapport du nombre d'hommes qui dépendent d'eux que sous celui des ressources qu'ils peuvent tirer de leurs domaines, on verra ces faibles propriétaires, dès que des agresseurs plus forts qu'eux menaceront d'envahir leurs héritages, implorer la protection de leur puissant voisin. Celui-ci aura droit, en l'accordant, d'imposer des conditions. Il s'engagera, par exemple, à défendre en tout temps, comme les siennes propres, les propriétés de ces petits souverains, qui de leur côté promettront, en échange de la protection et à perpétuité, des hommages, des redevances, un service militaire, une soumission constante à plusieurs lois de leur défenseur. Par là ils perdront en effet l'indépendance, mais ils sauveront leurs domaines et acquerront la sécurité (1). Le protecteur, lui, augmentera ainsi l'étendue de sa souveraineté ; les limites des territoires soumis à son sceptre se trouvant reculées.

Considérez maintenant une agglomération de propriétaires indépendans et souverains, mais faibles, et intéressés à s'unir, soit pour conserver leurs droits ou leurs biens, soit pour en acquérir d'autres. Ils se seront bientôt entendus. Ces petites souverainetés se coaliseront. Une alliance sera formée, dans laquelle chaque contractant s'obligera, vu l'égalité de tous et le besoin d'agir avec ensemble, à suivre l'avis du plus grand nombre. Voilà une république légitime qui peut se perpétuer et s'agrandir comme une monarchie. Or ces deux formes d'ordre social sont les seules possibles.

Telle est en ses élémens la théorie du pouvoir légitime, que tant de pauvres esprits prennent aujourd'hui pour un spectre du despotisme.

Le droit divin, que les ignorans et les factieux dépeignent aussi sous des traits monstrueux, n'est ni moins simple ni moins digne du respect des hommes. Il consiste uniquement, comme on vient de le voir, en ces lois générales de la religion qui constituent le droit de propriété, commandent l'accomplissement des promesses, la justice, la charité.

Ici quelques questions se présentent.

Les sujets d'un gouvernement établi dont les titres de souveraineté sont douteux ou égarés doivent-ils continuer à respecter son pouvoir ? — Sans doute ; car la religion défend de troubler personne dans la jouissance de ses biens, tant qu'on n'a pas constaté qu'ils appartiennent à d'autres qui les réclament.

Est-il vrai que Jésus-Christ commanda aux Juifs de payer tribut à l'usurpation ? — Non ; et en voici la preuve. Dès le temps de Judas Machabée, les Juifs avaient, par prudence, sollicité la protection des Romains, et promis, pour l'obtenir, de contribuer aux frais de leurs guerres. Dans la suite ils renouvelèrent plusieurs fois cet engagement ; et, afin d'éviter de plus grands malheurs, ils se soumirent à devenir vassaux de la puissance romaine. On le voit dans leur historien Josèphe. Eux-mêmes ne disaient-ils pas : « Nous n'avons d'autre roi que César. » Quand ils eurent consenti

---

(1) Tels étaient beaucoup d'anciens seigneurs.

à cette dépendance , le droit fut acquis aux Romains d'exiger d'eux un tribut. Et c'est ce que leur rappelait le Messie, lorsqu'il montra aux Pharisiens la monnaie nationale frappée à l'effigie de César.

Les auteurs du *Nouveau-Testament* ont-ils ravalé le droit au niveau de la force, en prescrivant une égale soumission envers les princes légitimes et les usurpateurs ?—Jamais. Ecoutez-les : « Que toute âme soit soumise aux autorités, ἐξουσίαις (*Rom.* 13.) ». Or ἐξουσία est justement l'opposé de δύναμις. L'un exprime le droit, l'autre la force. On objecte en politique un autre passage. Cette fois encore il suffira de traduire fidèlement pour faire disparaître toute difficulté. « Domestiques (οἰκέται), soyez soumis aux maîtres de la maison (δεσπόταις), même s'ils manquent de franchise (I. *Pet.* 2). » Comment a-t-on imaginé de soutenir le servilisme par de pareils textes !

Et parmi les Pères de l'Eglise, n'en est-il pas qui recommandèrent l'obéissance à des tyrans illégitimes ? — Se soumettre, soit par nécessité, soit par prudence, à une domination ou irrésistible ou tolérable, ce n'est nullement lui attribuer des droits.

Mais n'a-t-on pas vu des papes mêmes sacrer des usurpateurs ? — Quelques pontifes ont commis bien d'autres fautes ; et aucune ne diminue en rien l'autorité de leurs enseignemens religieux ; de même que les vices d'un roi n'annulent pas son pouvoir (1). Les questions de légitimité sont du domaine de l'histoire profane ; elles se résolvent par des généalogies et des papiers de famille. Tout cela est en dehors de la juridiction dogmatique que les pontifes de Rome ont droit d'exercer souverainement.

N'ayant pas besoin, pour le sujet de cet écrit, d'exposer plus explicitement la théorie du droit divin et des légitimités, nous renvoyons ici nos lecteurs à l'excellent ouvrage (2) de M. de Haller, le meilleur des publicistes européens (3).

---

(1) Le pouvoir spirituel des prêtres change-t-il, lorsqu'ils accordent les sacremens à des personnes qui n'en sont pas dignes ? Et le sacre d'un prince n'est-il pas, en religion, bien au-dessous d'un sacrement ?

(2) *Restauration de la science politique ; ou théorie de l'état social opposée à la fiction d'un état civil factice.* 1824, 3 vol. in-8º. Prix : 21 fr. A Paris, chez Hivert, quai des Augustins, nº 55. L'auteur doit publier encore un volume. M. de la Mennais, qui rédige maintenant un journal libéral, paraît avoir bien oublié le jugement qu'il porta autrefois sur les travaux de M. de Haller. « Son livre, écrivait-il, où une vaste instruction s'allie à une grande force de raisonnement, ne saurait être trop médité.... Jamais la science du droit public n'avait encore été présentée sous un point de vue qui satisfasse autant la raison (*Nouv. Mél.*, p. 464 et 469). » Il n'y a rien dans cet éloge qui ne soit mérité.

(3) Il se trouve cependant quelques erreurs dans cet ouvrage.

SECTION III.

Du droit divin de la dynastie des Bourbons à la souveraineté.

A quelque profondeur que l'on ait creusé dans l'antique histoire de la France, aucun roi antérieur à Pharamond n'a été aperçu. Ce prince, fils de Marcomir, qui lui - même fut chef des Francs, régnait dans les commencemens du 5e siècle. Examinons d'après quel droit.

En ces temps, comme dans les âges antérieurs, la souveraineté était presque généralement héréditaire dans le monde. Pour le prouver, l'Asie a les annales de ses vieilles monarchies; l'Egypte, la généalogie de ses anciens rois; l'Europe, des monumens laissés par les peuples qu'elle nourrissait alors. Ainsi, d'abord, il est vraisemblable que Pharamond dut son trône à des droits d'hérédité.

Allons plus loin. Hincmar nous annonce que « chez les Francs des princes se succédaient immédiatement (1). » Grégoire I, presque contemporain de Pharamond, dit positivement que ces princes « étaient rois par leur naissance (2). » Agathias, historien grec du même temps, assure que « ils transmettaient la royauté à leurs enfans (3), » et cela conformément à « la loi des ancêtres (4). » C'est assez de témoignages (5). Du Tillet, explorant nos annales, put dire avec vérité, dans son vieux langage : « Le royaume a tousiours esté tenu héréditaire, tant durant le paganisme que christianisme (6). »

---

(1) *Vita S. Remigii*, dans la collection de Duchesne, t. 1, p. 524.

(2) *Homélie* 10.

(3) Περὶ τῆς Ιουστινιανου βασιλείας βιβλοι πεντε; édit. de 1660, livre 1, p. 13.

(4) Livre 1, p. 15.

(5) On peut en voir d'autres dans les tomes 6 et 8 des *Mémoires de l'Académie des inscriptions.*

(6) *Recueil des roys de France*; édition de 1580, p. 185, chap. du Sacre. On objecterait vainement que des chroniqueurs se sont servis des mots *élire* et *élection*, en mentionnant l'avènement de quelques rois légitimes au trône de France. Ou ces auteurs se sont trompés, ou ils n'attachaient pas aux termes dont il s'agit le même sens que nous. Lisez, par exemple, le plus ancien de nos rituels pour les sacres. L'archevêque officiant y dit, en parlant du roi : « Lequel, par humble déuotion, nous eslisons par ensemble au royaume; » et après, en s'adressant au monarque : « Sois stable, et retiens doresnavant l'estat lequel as tenu jusqu'à présent par la succession de ton père. » Vous voyez qu'alors *élire* signifiait *inaugu: er, proclamer*. Et Du Tillet, greffier du parlement, en a fait la remarque. « Ce terme, dit-il, doit estre prins et entendu pour déclaration ou acceptation, et submission au roy, et non pour aucun droit aux subiets de donner le royaume par leurs voix ou élection (*Ibidem*). »

En effet , du fils de Marcomir à celui du duc de Berry (1) , la couronne de France est solennellement transmise , à travers douze siècles , par une suite de plus de quatre-vingts rois légitimes. Magnifique spectacle , que l'usurpation a quelquefois obscurci de ténèbres lugubres , mais que jamais elle n'a détruit.

Pharamond , héritier d'une souveraineté dont le fondement repose dans l'abîme des siècles , roi *par la grâce de Dieu* dont les préceptes sont la base de tout droit , monarque par *la loi des ancêtres* qui lui léguèrent leurs biens et leur autorité (2) , est à peine mort , que son fils Clodion lui succède. Après celui-ci , le sceptre passe successivement à Mérovée , à Childeric I , à Clovis I (3) ; et pour chacun d'eux il est un héritage paternel (4). Clovis I laisse quatre fils , Childebert I , Clotaire I , Clodomir et Thierry I , qui se partagent la souveraineté. Clodomir meurt. De ses trois fils , l'un , voué à la vie monastique , garde le célibat ; les deux autres sont mis à mort. Les frères de Clodomir héritent alors de son pouvoir (5). Quelque temps après Thierry transmet , en mourant , ses droits à son fils Théodebert I , qui a aussi pour successeur son fils , Théobald nommé encore Thibaut , dont le pouvoir échoit , par suite d'un décès sans postérité , aux deux frères encore vivans de Thierry. Trois années après , Childebert expire. Ses deux filles n'ayant pas de droit à l'héritage de son autorité , il passe à Clotaire I , qui se trouve ainsi souverain de tout le royaume.

Après la mort de ce monarque , ses quatre fils Caribert I , Gontran , Sigebert I , et Chilperic I , se partagent ses Etats. La part de l'aîné , mort sans laisser de fils , est ensuite divisée entre les trois autres. Sigebert et Chilperic , assassinés , ont pour successeurs leurs fils uniques Childebert II et Clotaire II , à qui échoit aussi la succession de Gontran , mort sans postérité mâle. A Childebert empoisonné succèdent ses deux fils , Théodebert II et Thierry II. Mais plus tard celui-ci réunit tout l'héritage , son frère dé-

---

(1) Nous ignorons quelles destinées la Providence réserve à ce royal enfant ; mais nous pouvons assurer , parce que nous le savons de source sûre , qu'il a reçu du ciel des qualités éminentes qui semblent présager un homme supérieur.

(2) « Chez les Francs , dit Agathias , les princes n'aliénaient aucun de leurs biens , mais les accroissaient beaucoup (liv. 2 , p. 13). » C'est un des meilleurs moyens de conserver l'indépendance.

(3) Sous les rois payens , les bâtards héritaient comme les fils légitimes. Le christianisme détruisit dans la suite cet usage.

(4) La *loi des ancêtres* excluait sans doute les filles de l'hérédité du pouvoir ; car l'histoire de France ne présente aucun cas où elles aient montré des prétentions à la couronne.

(5) Aucun crime ne faisait perdre les droits héréditaires. La *loi des ancêtres* semble avoir supposé le repentir ; elle pardonnait.

cédant sans qu'un fils lui survive. Bientôt lui-même expire, ayant quatre héritiers en bas âge. Deux sont tués, et les deux autres disparaissent. On ignore ce qu'ils devinrent. Clotaire II réunit alors toute la France sous son sceptre.

Il meurt ; et ses deux fils, Dagobert I et Caribert II, se la partagent. Après Caribert, on voit ses descendans gouverner quelques provinces du royaume. A Dagobert succèdent ses deux fils, Sigebert II et Clovis II, qui font le partage de sa souveraineté. A la mort de l'aîné, ses droits échoient au fils qui lui survivait, à Dagobert II. Cependant des rebelles placent sur son trône un étranger, qui ne peut s'y maintenir. Une autre usurpation y conduit Childeric II, l'un des trois fils de Clovis II ; les deux autres étaient Clotaire III et Thierry III. A la mort de leur père, les deux premiers reçoivent son pouvoir en partage, à l'exclusion de Thierry. Mais le décès de Clotaire III sans enfans lui procure une part à l'héritage de son père ; il succède à Clotaire. Childeric II est assassiné avec l'un de ses deux fils. L'autre, Chilperic II, est privé par une usurpation de l'exercice des droits qu'il vient d'acquérir. Dagobert II reparaît ensuite, succède à Childeric II, et recouvre ainsi la souveraineté de ses aïeux. Après sa mort sans postérité mâle, il a pour héritier de ses droits Thierry, que deux usurpateurs empêchent d'en jouir intégralement. Thierry meurt, père de deux fils, dont l'aîné, Clovis III, règne à sa place, et, mort sans enfans, a pour successeur son frère Childebert III. A ce prince survit un fils, Dagobert III, qui en mourant laisse un héritier encore au berceau. Chilperic II règne alors sur tout le royaume. Un fils lui survit, mais sans lui succéder d'abord, parce que la couronne passe à Thierry IV, appelé aussi Théodoric, fils de Dagobert III. Thierry meurt sans enfans. Après un interrègne de six ans, Childeric III, fils de Chilperic II, est roi de France. Une révolution survient, par suite de laquelle il se retire dans un monastère, ainsi que son fils Thierry V, unique héritier de ses droits. Childeric III meurt en 755 ; et son fils on ne sait en quelle année.

Celui-ci n'ayant pas d'enfans, les droits de souveraineté devaient échoir aux successeurs de Caribert II, seuls descendans de Pharamond en ligne masculine qui restassent alors. Mais ces princes venaient d'y renoncer. Ils avaient consenti à ce que leurs personnes ainsi que les territoires relevant de leur autorité héréditaire fussent désormais dans la dépendance d'un seigneur puissant et de sa postérité mâle. On voit donc que, à la mort de Thierry, le sceptre tomba des mains de la race de Pharamond.

Dès-lors les seigneurs de France, qui n'avaient au-dessus d'eux d'autre autorité que celle des légitimes héritiers de la couronne se trouvent indépendans ; et chacun d'eux devient souverain dans les terres sur lesquelles il avait ou reçu de ses aïeux ou légitimement acquis des droits de gouvernement subordonnés à ceux des rois. En plaçant le décès de Thierry V vers l'an 770, nous ne voyons dans le royaume que deux seigneurs ainsi parvenus à la souveraineté : ce sont Charlemagne et Carloman (1). Car, quelques années avant, les autres s'étaient volontairement rangés sous l'autorité du père de ceux-ci et de sa race ; ils lui avaient voué une dépendance héréditaire et semblable à celle que les derniers rois de France avaient droit d'exiger d'eux. La souveraineté du royaume appartenait donc légitimement à Charlemagne et à Carloman, qui se la partagèrent. Celui-ci meurt, laissant deux fils en bas-âge que leur mère emporte dans un pays étranger. On sait que l'un se consacra au célibat et à la vie monastique ; mais on ignore ce que devint l'autre. Charlemagne règne sur toute la France, et a pour successeur son fils légitime, Louis Ier.

Les Etats de ce prince sont, à sa mort, partagés par ses trois fils. Charles II a les provinces situées entre l'Océan, la Meuse, la Suisse et le Rhône, et en outre les provinces d'au-delà des Pyrénées. Louis reçoit la Germanie, et Lothaire l'Italie avec les rives du Rhin. Voyons d'abord ce que devint la souveraineté de Charles II. Louis II, le seul fils qu'il laissa, lui succède et a pour survivans deux fils et une épouse enceinte d'un troisième. Ceux-là, Louis III et Carloman II, se partagent le royaume, qui, après le décès de l'aîné sans enfans, a l'autre pour seul roi. Les droits de Carloman, mort aussi sans postérité, échoient à Charles III, son frère. Un usurpateur s'empare du trône, d'où il est ensuite chassé par une faction qui usurpe encore et ne laisse jouir le souverain que d'une partie de ses Etats héréditaires. Enfin ce prince entre en possession de l'autre ; mais des chefs de rebelles l'attaquent, et l'un d'eux s'assied sur son trône. A ce roi malheureux succède son fils unique Louis IV, qui recouvre la couronne de ses aïeux. Lothaire, l'aîné de ses fils, règne ensuite sans partager la succession avec Charles IV, son frère, qui alors n'avait guère plus d'un an. Après le règne de Lothaire vient celui du seul fils légitime qu'il eût laissé ; c'est Louis V, mort sans enfans. La couronne appartient dès-lors à Charles IV. Un usurpateur entreprend de la lui ravir,

____

(1) L'un et l'autre fils de Charles Martel et de Pépin, au pouvoir desquels s'étaient soumis les descendans de Caribert II.

et réussit. Le souverain légitime meurt, père de Othon, et peut-être aussi de deux autres fils en bas âge, qui au surplus n'eurent pas de postérité. En 1005, Othon, qui n'avait encore recouvré que la Lorraine, meurt, et ne laisse que deux filles. D'un autre côté, il ne restait plus un seul descendant légitime, en ligne masculine, ni de Louis ni de Lothaire, fils de Louis Ier et frères de Charles II. Ainsi la dynastie régnante se trouvait éteinte.

Il arriva alors en France ce qui déjà s'y était passé après l'extinction de la race de Dagobert I. Un seigneur puissant, qui tenait de ses aïeux le duché de France et le comtat de Paris, qui en outre ne dépendait de personne que des héritiers du trône, acquit, par le décès du dernier d'entre eux, l'indépendance. De plus, les autres seigneurs s'étaient, de leur propre mouvement, subordonnés à son père ; ils lui avaient cédé tous les droits en vertu desquels ils pouvaient s'opposer à ce que ses descendans régnassent sur eux. Robert donc se vit en possession d'une souveraineté légitime sur le royaume, et en droit de la donner à sa postérité. Soit qu'il ait le premier attaché à l'héritage de cette souveraineté l'obligation de le transmettre sans partage, soit que cette mesure eût déjà été prise par quelqu'un des monarques précédens, on ne voit plus après lui la couronne divisée. Le sceptre passe successivement, et sans interruption usurpatrice, à Henri Ier, Philippe Ier, Louis VI, Louis VII, Philippe II, Louis VIII, Louis IX, Philippe III, Philippe IV, Louis X, Jean Ier, Philippe V, Charles IV, Philippe VI, Jean II, Charles V, Charles VI, Charles VII, Louis XI, Charles VIII, Louis XII, François Ier, Henri II, François II, Charles IX, Henri III, Henri IV, Louis XIII, Louis XIV, Louis XV et Louis XVI, que le libéralisme de son siècle égorge sur un échafaud. Les droits de ce monarque infortuné échoient à son fils unique Louis XVII, qui, sans en avoir joui un seul instant, périt (1) victime des fureurs libérales. Louis XVIII hérite de la couronne ; mais long-temps un monstre (2), que la révo-

____

(1) Il est cependant des personnes qui doutent de sa mort.

(2) Après avoir commandé et terminé l'épouvantable massacre de Toulon, il écrivait à la Convention : « C'est en marchant dans le sang « des traîtres que je vous annonce avec joie que vos ordres sont exécu- « tés.... Ni l'âge ni le sexe n'ont été épargnés. Ceux qui n'avaient été « que blessés par le canon républicain ont été dépêchés par le glaive de « la liberté et par la baïonnette de l'égalité. Salut et admiration. *Signé* « Brutus Buonaparte, citoyen sans-culotte. » Et il y a en France une faction de libéraux qui regrette ce *sans-culotte* atroce !.... Et le parti libéral en masse veut des honneurs pour ce tigre qui trouvait de *la joie* à se vautrer *dans le sang* humain !!!.... Chacun peut impunément le déifier. Mais que nous écrivions, nous royalistes, quelques paroles de respect et

lution avait enfanté et qui joncha l'Europe de cadavres, le contraint à l'exil. Le souverain monte enfin sur le trône de ses aïeux; et Charles X, son successeur, l'occupe jusqu'en 1830. Alors ce monarque vénérable, qui, en s'engageant par serment à suivre une charte mal faite, anti-catholique, désastreuse (1), avait juré insciemment la ruine de la monarchie (2), comprend la faute qu'il a commise et veut la réparer par de sages ordonnances (3). Mais le libéralisme, qui n'attendait qu'une occasion pour renverser le trône (4), s'avance avec des masses d'insurgés. Le Roi, n'écoutant que sa bonté paternelle, aime mieux fuir devant d'ingrats sujets que de les faire écraser par sa garde formidable (5). Il abdique, ainsi que Louis XIX, son fils, en faveur du duc de Bordeaux (6).

---

d'attachement pour la personne sacrée d'un roi vertueux et proscrit; aussitôt il s'élève des hurlemens pour exciter une persécution. Et puis des jugemens d'une rigueur insolite nous condamnent à payer des amendes au nouveau gouvernement, à être traînés dans les prisons, à tomber au rang des malfaiteurs. Et pendant tout cela l'on crie à nos oreilles : Vous êtes sous le régime de la liberté et de l'égalité..........!!!

(1) Il serait révoltant que les libéraux nous fissent un crime d'improuver cette charte, eux qui, après l'avoir jurée, l'ont en partie détruite; eux qui ont conduit en exil le monarque qu'elle déclarait inviolable dans toutes circonstances.

(2) Relisez l'admirable *Rapport au roi* du 25 juillet 1830. Tous les souverains légitimes devraient en orner leurs cabinets particuliers.

(3) Déjà *la Quotidienne* et la *Gazette de France* ont justifié les ministres que la révolution retient sous ses verroux, et dont elle demande le noble sang. Voyez aussi les *Observations préliminaires pour la défense*, publiées il y a quelques mois par M. de Valblette (Prix : 1 fr. 50 cent. par la poste. A Paris, quai des Augustins, no 55.) L'auteur parle aux juges et aux ennemis des innocens captifs avec la dignité qui convient quand on défend une si grande et si juste cause.

(4) Aujourd'hui les libéraux l'avouent hautement. L'un de leurs journaux les plus dévoués vient même de convenir que toutes leurs protestations d'attachement au trône légitime *n'étaient qu'une feinte* pour l'abattre plus aisément (*Globe* du 24 nov.). Voilà les gens qui, après une infâme tartuferie de quinze années, accusent maintenant d'hypocrisie les infortunés ministres détenus à Vincennes!!!

(5) On sait maintenant que les relations des événemens de juillet données par le libéralisme sont des fatras de mensonges, d'ignobles romans. On peut lire, afin de connaître la vérité, l'écrit qui a pour titre : *La garde royale pendant les événemens de juillet*; par un officier (constitutionnel pourtant) de l'état-major (A Paris, chez Dentu, rue du Colombier. Prix : 2 fr. 50 cent.). L'auteur montre qu'à Rambouillet Sa Majesté n'avait qu'un mot à dire pour exterminer les révolutionnaires, qui avaient eu l'imprudence de s'exposer en rase campagne aux armes de 10,000 hommes des meilleures troupes du monde. Maintenant ces mêmes insurgés, redevables de leurs vies à la bonté de Charles X, l'appellent *sanguinaire!*

(6) On assure, et personne que nous sachions ne l'a nié, qu'au temps de la naissance de ce prince, le duc d'Orléans fit publier à Londres un article de gazette dans lequel il contestait à l'auguste veuve du duc de Berry sa maternité. Depuis la révolution de juillet, cet article a été réimprimé dans des journaux de Paris, avec le nom du duc d'Orléans comme auteur; et il n'a paru aucun désaveu de sa part. Ceci nous

Mais la révolution triomphante bannit cette antique et royale famille, s'empare de la suprême puissance, et organise un gouvernement à son gré. On sait le reste.

L'histoire généalogique que nous venons de tracer n'est pas exempte de toute obscurité. Le commencement surtout manque en plusieurs points de témoignages sûrs; l'histoire ne nous ayant pas transmis assez de documens. Mais après tout, si le temps a détruit quelques-uns des titres de la légitimité des Bourbons, ce qu'il en reste suffit, puisque personne n'en produit d'autres d'après lesquels ceux-là soient contestables.

La religion donc et l'histoire autorisent la mission sociale que s'est attribuée la race auguste de nos rois. Leur antique pouvoir fut consacré. Et si la révolution s'obstine à le maudire, qu'elle sache du moins de quelles sources il sortit.

---

semble étrange; d'autant plus que, cette année et dans Paris même, un ouvrage a été rendu public, où l'on conteste à Louis-Philippe son origine. Cet ouvrage est intitulé *Maria Stella, ou échange criminel d'une demoiselle du plus haut rang* (Mme la baronne de Sternberg), *contre un garçon de la plus basse naissance* (. . . . .). 1 vol. in-8°. Nous ne croyons pas plus à ce livre qu'à l'article dont il s'agit, quoique l'un ait cent fois plus d'apparences de raison que l'autre. Mais celui-là devrait du moins servir de leçon aux libéraux qui ont essayé de répandre des doutes sur la royale naissance de Mgr. le duc de Bordeaux. Si, malgré l'ouvrage de Mme de Sternberg, ils croient, comme nous, Louis-Philippe fils de D'Orléans-Egalité, comment osent-ils, sans autre appui que la diatribe insignifiante de Londres, attaquer l'authentique origine du petit-fils de Charles X !

On comprend du reste que nous ne devons point nous abaisser ici jusqu'à défendre contre des imprimés obscurs importés d'Angleterre, et que personne n'avoue officiellement, une des plus illustres descendances qui soient au monde, une descendance reconnue de l'Europe entière. Et puis vaut-il la peine d'être réfuté, le risible pamphlet qui se réduit à cette assertion : les princesses ne peuvent enfanter avant l'arrivée de leurs médecins-accoucheurs; » ce pamphlet absurde où, après avoir prétendu que Madame « la duchesse de Berry n'a jamais été enceinte depuis la « mort de son époux, » on a la simplicité de convenir que, la nuit du 29 septembre 1820, « toutes les personnes qui arrivèrent dans la chambre de « la duchesse virent un enfant qui n'était pas encore détaché du sein de « sa mère. » Véritablement, Louis-Philippe devrait poursuivre en justice *le Constitutionnel* et le *Courrier français*, pour lui avoir attribué, dans leurs jongleries contre Mgr. le duc de Bordeaux, un rôle aussi humiliant.

FIN.

PARIS.—IMPRIMERIE DE G.-A. DENTU,
rue du Colombier, n° 24.